L_n^{27} 6684.

NOTES
NÉCROLOGIQUES ET HISTORIQUES

SUR

M. LE CONTRE-AMIRAL

DUMONT D'URVILLE.

NOTES
NÉCROLOGIQUES ET HISTORIQUES
SUR
M. LE CONTRE-AMIRAL
DUMONT D'URVILLE,
PAR M. MATTERER,
CAPITAINE DE VAISSEAU, MAJOR DE LA MARINE À TOULON.

EXTRAIT DES ANNALES MARITIMES ET COLONIALES D'OCTOBRE 1842.

PARIS.
IMPRIMERIE ROYALE.

M DCCC XLII.

Jules Sébastien César Dumont d'Urville
— né en 1790.

NOTES
NÉCROLOGIQUES ET HISTORIQUES

SUR

M. LE CONTRE-AMIRAL DUMONT-D'URVILLE [1].

Quand la mort frappe un homme sur un lit de douleur, surtout dans un âge avancé, c'est un événement auquel chacun doit s'attendre; mais quand il peut espérer de longues années, et qu'il est plongé tout à coup dans la tombe en même temps que sa famille, c'est là une de ces grandes catastrophes qui étonnent, effrayent et froissent tous les cœurs!.... Hélas! on vient d'en avoir un bien douloureux exemple dans la perte accidentelle de M. le contre-amiral Dumont d'Urville, de ce grand navigateur qui avait si souvent affronté les dangers en exécutant trois fois le tour du monde, après s'être élancé dans les affreuses solitudes du pôle austral, dans ces vastes climats accoutumés au plus profond silence, qui durent être étonnés de s'entendre interroger pour la première fois!

Qu'on se représente deux faibles navires, l'*Astrolabe* et la *Zélée*, naviguant ensemble dans ces canaux tortueux formés par de hautes montagnes de glaces qui leur disputaient à

---

[1] Cette notice, remplie de faits intéressants est le complément de celles que nous avons déjà publiées sur la carrière de M. d'Urville; elle contient surtout une analyse de la dernière campagne de l'illustre navigateur et des travaux de l'expédition. (*Note du rédacteur des Annales maritimes.*)

chaque instant la route périlleuse du pôle ; qu'on les voie cinglant à toutes voiles, sous un ciel âpre et brumeux, lançant la grêle et un vent glacial ; eh bien, l'illustre capitaine de ces navires est mort sur les rails d'un chemin de fer! il est mort au milieu des flammes et des tourbillons d'une fumée épaisse et noire, pressant convulsivement pour la dernière fois, sur sa noble poitrine, sa femme et son enfant!... Ici la plume s'échappe de ma main, mon cœur se crispe de douleur. Non! le souvenir et le tableau d'un aussi terrible événement ne sortira jamais de ma mémoire, et il ne faut rien moins que la vieille affection dont le contre-amiral d'Urville m'honorait depuis trente ans, pour que je puisse trouver, dans les événements d'une autre époque et d'un autre temps, le moyen de parler de lui, et de me faire le narrateur des principaux événements de sa belle et noble vie.

Hélas! que n'ai-je, en ce triste moment, la mâle éloquence des savants qui, en présence de sa tombe, lui ont déjà payé un juste tribut d'éloges; mais je ne suis qu'un marin nullement initié dans l'art si difficile de bien exprimer sa pensée; mais j'aurai du moins l'éloquence du cœur et de la vérité : à ce titre, j'espère, j'acquerrai des droits à l'indulgence.

C'est à Condé-sur-Noireau, département du Calvados, que naquit M. Dumont d'Urville (Jules-César), le 23 mai de l'an 1790. Son père occupait une place honorable dans la magistrature; c'était un homme de beaucoup d'esprit et d'une intégrité à toute épreuve. Sa mère était un femme très-remarquable par son beau caractère ; c'est elle-même qui défendit, avec la plus persuasive éloquence, son mari devant l'affreux tribunal révolutionnaire de Caen, en 1793, et parvint à l'arracher des mains sanglantes de ses assassins.

M. Dumont d'Urville resta sous l'égide de sa mère jusqu'à l'âge de dix ans; elle lui donna une éducation des plus austères, et l'habitua de bonne heure à supporter de grandes fatigues, car, pieds nus et sans chapeau, elle lui faisait faire de très-longues courses dans la campagne : je le tiens de lui-même ; et il ajoutait : « Je dois la force de mon tempérament « à ma respectable mère, mais les fatigues de la navigation « tendent à le démolir chaque jour. »

L'oncle de M. d'Urville, oratorien très-instruit, voulut se charger de son éducation ; en sorte qu'à seize ans il était déjà très-versé dans la littérature : c'est à cet âge qu'on le mit au grand collége de Caen pour y terminer ses études. Il y resta jusqu'à dix-huit ans. Le moment étant arrivé de choisir un état, il se présenta à l'examen pour l'école polytechnique ; mais il ne fut pas admis, et alors il se décida à entrer dans la marine militaire, en 1808, comme élève de seconde classe.

M. Dumont d'Urville se rendit à Brest, où il embarqua sur le vaisseau *l'Aquilon*, commandé par M. Mingon, aussi grand marin que bon astronome, lequel ne tarda pas à se féliciter d'avoir un tel sujet sous ses ordres ; il le prit en amitié, le fit travailler, et lui donna de grandes leçons sur l'art nautique, ainsi que sur l'usage des montres marines, qui étaient si rares à cette époque.

De *l'Aquilon*, M. d'Urville passa sur la corvette *le Requin*, à bord de laquelle il resta peu de temps, car il se rendit au Hâvre pour s'embarquer sur la frégate *l'Amazone*, commandée par le capitaine de frégate Rousseau ; il fit une croisière très-pénible sur ce bâtiment, dans la Manche et dans l'Océan. Là on pressentit que ce jeune marin possédait une âme fortement trempée et une tête bien organisée.

De la frégate *l'Amazone*, l'élève Dumont d'Urville embarqua sur le vaisseau *le Suffren*, commandé par M. Louvel ; ce bâtiment faisait alors partie de l'escadre de Toulon ; il passa ensuite sur le vaisseau *le Borée*, sous les ordres du brave commandant Sénez, qui a laissé, après lui, une si belle renommée dans la marine militaire. En quittant ce bâtiment il embarqua sur le vaisseau *le Donawert*, sous les ordres de l'intrépide Infernet, l'un des héros du mémorable combat de Trafalgar.

Du *Donawert*, M. d'Urville embarqua en qualité d'enseigne sur le vaisseau la *Ville-de-Marseille*, qui eut l'honorable mission d'aller chercher à Palerme le duc d'Orléans et sa belle famille.

A la restauration, tous les vaisseaux de l'escadre de Toulon furent désarmés, et M. Dumont d'Urville resta à terre jusqu'en 1816, époque à laquelle il embarqua sur le vaisseau à trois ponts *le Royal-Louis*, qu'on avait disposé avec le plus grand luxe pour recevoir la duchesse de Berry à son arrivée en France. Ce nouvel embarquement fut de peu de durée, car il passa sur la gabare *l'Alouette* pour se rendre à Lorient. Après une courte campagne, il revint à Toulon et s'y maria avec l'aimable Adèle, dont il a parlé avec tant d'effusion dans la narration de ses voyages autour du monde.

De 1816 à 1819, notre célèbre navigateur resta à terre, employant presque tout son temps à herboriser, et à composer une nouvelle flore des environs de Toulon; aussi, combien de fois ne l'a-t-on pas vu, comme le célèbre de la Condamine, suspendu au-dessus d'un précipice, exposant à chaque instant sa vie pour cueillir une humble fleur cachée entre les fentes d'un rocher escarpé.

Passionné philologue, M. Dumont-d'Urville cultivait aussi les langues ; il se livrait même avec bonheur à l'étude de celles qui sont généralement considérées comme inabordables, au point même qu'il mit son fils Jules, intelligence d'élite, et digne d'un tel père, en état de traduire, à l'âge de neuf ans, les œuvres des deux grands philosophes de la Chine, Confucius et Mensius........ L'astronomie fixait également son attention. On le voyait très-souvent à l'observatoire de Toulon, le cercle de réflexion à la main. A cette époque, il concevait, sans doute, les grands projets de voyages qu'il a si bien exécutés, et qui ont rendu son nom immortel.

Depuis très-longtemps, il manquait au Neptune français

une carte exacte de la Méditerranée ; les marins la demandaient instamment : l'époque était enfin arrivée où leurs vœux allaient être exaucés. Le ministre de la marine, en homme éclairé, venait de confier cet important travail à un officier très-expérimenté dans l'art de l'hydrographie, M. Gauthier, capitaine de vaisseau. Ce commandant, en 1819, avait déjà fait trois campagnes ; à la quatrième qu'il allait exécuter dans l'archipel du Levant, il choisit l'enseigne de vaisseau Dumont d'Urville comme coopérateur de cette savante et honorable mission.

La gabare *la Chevrette*, destinée à cette campagne, mit sous voiles de la rade de Toulon, au mois de mars 1819. C'est à bord de ce bâtiment que je fus en position d'apprécier les belles qualités de M. Dumont d'Urville : je vis tout d'abord un excellent camarade, puis un officier doué d'une vaste instruction, travaillant presque continuellement, et principalement sur la botanique, belle science, qu'il affectionnait d'une manière toute particulière. Quand le navire était à l'ancre, M. Dumont d'Urville partait presque tous les jours de très-grand matin, et ne revenait qu'après le coucher du soleil, chargé de plantes de toute espèce, qu'il classait très-soigneusement en les mettant sous presse ; il arrivait à bord harassé de fatigue, et joyeux d'avoir trouvé quelques plantes rares qui avaient échappé aux recherches du savant Potton de Tournefort, qui, cent ans avant lui, avait exploré toutes les îles de l'archipel du Levant.

Après neuf mois de campagne, *la Chevrette* revint à Toulon ayant acquis les matériaux nécessaires à la construction d'une excellente carte de tout l'archipel du Levant ; elle fut désarmée jusqu'au mois de mars suivant, année 1820, époque à laquelle elle repartit encore ; mais cette fois-ci c'était pour entreprendre une campagne plus importante que la précédente, car le capitaine Gauthier avait ordre de faire l'hydrographie du détroit des Dardanelles, de la mer Marmara, du Bosphore et de la mer Noire : grand travail qui demandait tous les talents, le zèle et l'activité du chef de cette nouvelle expédition.

Douze jours après son départ de Toulon, *la Chevrette* jeta son ancre sur la rade de Milo, île de l'Archipel, jadis si célèbre, l'ancienne Mélos, qui fut habitée par les plus grands sculpteurs de la Grèce, à cause de sa proximité avec l'île de Paros, si riche en marbre statuaire.

Ici je dois m'arrêter un moment pour fixer l'attention sur la découverte d'une statue qui occasionna tant de bruit à cette époque, dans le monde savant, et qui fait encore le plus bel ornement du musée royal de sculpture à Paris.

Étant le compagnon de voyage de M. Dumont d'Urville, je m'étais lié d'amitié avec lui; il me priait souvent de l'accompagner dans ses courses à terre : nous étions jeunes alors; c'était un vrai plaisir pour nous deux de parcourir des lieux si célèbres, lieux habités par tant de grands hommes classiques, qui vivront éternellement dans l'histoire de la civilisation.

Un jour, nous allâmes à Castro, petit village grec bâti sur le sommet d'une des hautes montagnes de Milo; c'est là que se tiennent les pilotes, dont les regards attentifs embrassent un immense horizon, pour surveiller l'arrivée des navires de toutes les nations.

Arrivés à Castro, nous rendîmes visite à M. Braist, consul de France, qui nous reçut très-bien, et fit tomber la conversation sur une statue qui venait d'être trouvée sous terre, par un pâtre, en cultivant son champ : « Il veut, dit-il, me « la vendre quinze cents piastres, monnaie du pays (ce qui « vaut, à peu près, douze cents francs de France); mais, n'é- « tant pas du tout connaisseur en sculpture, ce marché-là ne « peut me convenir. » Nous priâmes M. le consul de vouloir bien nous conduire sur les lieux où la statue avait été trouvée : nous partîmes, et en très-peu de temps nous arrivâmes dans un champ cultivé, entouré de murs, dans l'épaisseur desquels s'encastrait une niche construite en fortes briques, et bien stuquée; la partie supérieure était circulaire. « C'est « dans cette niche, nous dit M. Braist, que l'on a découvert « la statue dont je vous ai parlé, et qui est actuellement dé-« posée dans cette chaumière où nous allons nous rendre. » Quelle fut notre surprise en voyant devant nous une belle statue en marbre de Paros! les deux bras étaient malheureusement cassés, et le bout du nez un peu altéré.

M. Dumont d'Urville me demanda mon avis, sachant que j'avais quelques légères connaissances en dessin, je lui répondis que je trouvais cette statue très-belle, mais que je me méfiais beaucoup de mon opinion.

Le pâtre qui avait fait cette heureuse découverte nous proposa d'acheter la Vénus; nous n'en voulûmes pas, d'autant plus que nous n'aurions pas su où la placer à bord de notre bâtiment, qui allait faire une campagne assez difficile dans la mer Noire : ni M. d'Urville ni moi n'avons pas été bien inspirés dans cette circonstance; car, pour une faible somme, nous eussions eu un chef-d'œuvre qui, depuis, a été évalué à plus de quatre cent mille francs.

Après cette visite, nous retournâmes à bord de notre bâtiment, et, le lendemain, *la Chevrette* mit sous voiles pour se rendre à Constantinople.

Quelques jours après notre départ, j'avais déjà oublié la belle statue de Milo ; mais il n'en fut pas de même de M. Dumont d'Urville, car il prit sa plume éloquente, et rédigea une savante notice historique sur cet admirable chef-d'œuvre, qu'il nomma *Venus Victrix*, ou Vénus Victorieuse. Il fut aidé, dans ses recherches laborieuses, par la lecture d'un précieux ouvrage qu'il portait toujours avec lui : c'était un Pausanias, historien grec, et le meilleur guide que l'on puisse prendre dans les recherches archéologiques des temps anciens.

Arrivé à Constantinople, M. d'Urville présenta cette notice à M. le marquis de Rivière, ambassadeur de France, qui ordonna sur-le-champ à un de ses secrétaires d'ambassade, M. le comte de Marcellus, archéologue distingué, de se rendre à Milo, sur la goëlette de guerre *l'Estafette*, pour se procurer, à tout prix, cette superbe statue. Il serait beaucoup trop long de raconter ici tout ce qui fut fait pour obtenir la belle *Victrix*, parce qu'elle avait été déjà vendue et livrée à un Grec pour le compte d'un riche Arménien, amateur des beaux-arts; il suffira de dire qu'elle fut rachetée, et envoyée de suite au marquis de Rivière, qui s'empressa d'en faire hommage à Sa Majesté Louis XVIII. C'est donc à M. Dumont d'Urville que la France doit ce beau chef-d'œuvre, attribué, par les uns, à Phidias, et, par les autres, à Praxitèle, et conséquemment de la plus haute antiquité.

Pour récompenser les talents et le zèle de M. Dumont d'Urville, le Roi de France lui fit cadeau du grand ouvrage sur l'Égypte, et le créa chevalier de Saint-Louis!...

Après avoir achevé la géographie du détroit des Dardanelles, de la mer Marmara et du Bosphore, M. le commandant Gauthier entra dans la mer Noire, vaste étendue d'eau souvent bouleversée par la tempête......

La Chevrette naviguait le plus près possible de la côte, afin d'être à même d'en bien distinguer tous les détails. Un jour qu'elle était en calme [1], à environ deux milles de terre, tout à coup nous aperçûmes trois grandes embarcations qui venaient à toutes rames sur notre navire; nous distinguions parfaitement, à l'aide de nos lunettes, plus de deux cents hommes, dont les armes brillaient au soleil : ces immenses chaloupes manœuvraient ostensiblement pour nous enlever à l'abordage, comme elles l'avaient déjà fait, à l'égard d'une grande corvette russe, un mois avant notre passage sur cette côte inhospitalière.

Les bonnes dispositions prises sur-le-champ par notre digne commandant, le zèle et le sang-froid de tous les officiers et de l'équipage, qui n'était que de soixante-quinze hommes, et le feu roulant de notre artillerie, firent rétro-

---

[1] Sur la côte de Circassie ou des Abases.

grader les Abases; c'est dans cette circonstance que M. Dumont d'Urville montra la plus grande fermeté : son austère figure était belle dans le danger.......

Après être resté pendant trois mois toujours sous voiles, dans la mer Noire, pour en faire tout le tour et la géographie, la *Chevrette* opéra son retour à Toulon, où elle fut définitivement désarmée, parce que le beau travail de M. le capitaine de vaisseau Gauthier était entièrement terminé.

M. Dumont d'Urville reprit à terrre ses anciennes occupations scientifiques; mais bientôt, fatigué de l'inaction, eut l'idée d'une campagne autour du monde; il en rédigea le plan d'une manière si savante, que le ministre de la marine l'adopta entièrement, et ordonna d'armer de suite à Toulon un navire, dont le choix tomba sur la petite gabare *la Coquille*, laquelle fut promptement radoubée et mise en état d'exécuter une longue campagne. C'est dans cette circonstance que M. Dumont d'Urville montra le plus beau caractère : il aurait pu demander le commandement de cette expédition, mais, tout au contraire, il pria le ministre de la marine de le confier à un de ses camarades, M. Duperrey, officier très-instruit, et il ne désirait, pour lui-même, que la modeste place de second.

La Coquille partit en 1822, et ne revint à Toulon qu'en 1825, après avoir effectué le tour du globe. Elle rapporta des documents très-précieux en tous genres. C'est dans cette brillante campagne que M. Dumont d'Urville déploya les plus grands talents et un zèle à toute épreuve : il fut récompensé par le grade de capitaine de frégate, et la croix de la Légion d'honneur.

A peine M. d'Urville était-il resté quelque temps à terre, qu'il conçut le dessein d'entreprendre un second voyage autour du monde; mais, cette fois, il demanda le commandement de cette expédition. Il écrivit savamment le plan de cette nouvelle campagne, l'adressa de suite au ministre, qui voulut bien l'approuver, et qui donna l'ordre de réarmer la *Coquille*, à laquelle on imposa, sur la demande du commandant, le nom de *l'Astrolabe*, en mémoire du célèbre et trop malheureux la Peyrouse, pour lequel M. d'Urville avait la plus grande vénération.

Le ministre de la marine appela M. d'Urville à Paris, pour y recevoir ses instructions, qui furent rédigées par le savant chevalier de Rossel, sous-directeur du dépôt des cartes et plans de la marine. Mais cela ne suffisait pas; il fallait à notre navigateur un officier capable de le bien seconder: c'est un choix très-difficile et souvent bien délicat; mais il ne balança pas, et demanda M. Jacquinot, lieutenant de vaisseau, pour le seconder à bord de *l'Astrolabe*: il avait été à même d'apprécier les talents et le beau caractère de ce brave officier, tant à bord de *la Chevrette*, où il avait déjà fait cinq campagnes hydrographiques comme élève de première classe, que dans la dernière campagne autour du monde, à bord de *la Coquille*, où il était le premier enseigne de vaisseau. Cet heureux choix fut confirmé par le ministre.

Tout le monde connaît les heureux et importants résultats de la campagne de *l'Astrolabe*, pendant les années 1826, 1827, 1828 et 1829, car ils ont été publiés par M. d'Urville; il serait beaucoup trop long d'en donner ici les détails; je citerai seulement un des épisodes les plus remarquables de cette campagne: c'est la découverte que fit ce navigateur des tristes débris du naufrage des deux navires *l'Astrolabe* et *la Boussole*, commandés par l'infortuné et célèbre la Peyrouse.

En 1827, M. le capitaine anglais Dillon rendit compte à son gouvernement qu'étant à Vanikoro, petite île située à cinq cent soixante lieues dans le N. E. du port Jackson, dans la Nouvelle-Hollande, il avait eu connaissance des débris de deux grands bâtiments; que, de plus, il existait, entre les mains des habitants de cette île, des objets de fabriques européennes, et que tout lui faisait présumer que ces parages avaient été le théâtre du naufrage de *la Boussole* et de *l'Astrolabe*, sous les ordres de M. de la Peyrouse......

M. Dumont d'Urville, instruit de ces faits importants, et se trouvant dans les mers de l'Océanie, se dirigea de suite sur Vanikoro, où il faillit périr, victime de son zèle et de ses nombreuses fatigues pour retrouver les indices signalés par le capitaine Dillon. Il fut atteint, ainsi qu'une grande partie de son équipage, d'une fièvre intermittente des plus violentes.... Après de grandes et pénibles recherches, MM. Jacquinot et Lottin trouvèrent enfin les carcasses de *l'Astrolabe* et de *la Boussole* sur des bancs de coraux, par treize pieds d'eau, à environ deux milles de la côte de Vanikoro.

M. Dumont d'Urville, satisfait d'avoir trouvé ces honorables débris, et recueilli une foule d'objets que l'on voit, en ce moment, au musée naval de Paris, fit élever un modeste monument sur les lieux, à la mémoire de l'illustre circumnavigateur, et, en déployant ses voiles, il salua ce cénotaphe de toute son artillerie dont le bruit retentit dans les montagnes silencieuses de Vanikoro et peut-être dans le cœur de ces féroces habitants, dont les affreuses massues avaient massacré plus de deux cents Français.....

De retour à Toulon, en 1829, M. Dumont d'Urville fut élevé au grade de capitaine de vaisseau, et se rendit à Paris pour travailler à la rédaction de son voyage.

Tout à coup, et au moment même où il tenait la plume, il entendit gronder le canon de juillet 1830 : il abandonna la plume un instant pour prendre son épée, et il se rendit de suite au ministère de la marine, qui était alors son seul poste de combat, comme il me le disait lui-même. C'est dans cette grave circonstance qu'il montra combien il aimait sa patrie : il assista, avec la plus grande dignité, aux événements des trois journées, et, quand Charles X fut renversé, M. Dumont d'Urville, en homme d'intelligence et de cœur, lui tendit la main ; il se rendit à Cherbourg, à bord du *Great-Britain*, dont il prit l'honorable commandement par ordre supérieur : ce bâtiment devait transporter en Angleterre le Roi déchu et sa famille.

Pendant la traversée, M. Dumont d'Urville eut les plus respectueux égards pour toute la famille royale; il resta, pendant trois jours et trois nuits, continuellement sur le pont, manœuvrant lui-même; il eut de longues et intéressantes conversations avec le malheureux monarque, qui lui dit avec bonté : « Monsieur d'Urville, je suis très-fâché de ne vous « avoir pas mieux connu au temps de ma prospérité ; je m'a- « perçois qu'il y a en vous un homme de tête et de cœur. » Le célèbre navigateur répondit avec son austère franchise : « Sire, quand vous étiez Roi de France, je me suis toujours « éloigné de vos antichambres; mais, maintenant que vous « êtes dans le malheur, c'est un honneur et un devoir pour « moi de me rapprocher de votre auguste personne. » Je tiens ces belles paroles de la bouche même de M. d'Urville.

De retour d'Angleterre, M. Dumont d'Urville rentra dans son modeste cabinet, pour continuer la rédaction de son voyage autour du monde ; sa plume éloquente allait toujours beaucoup plus vite que les presses de son éditeur; aussi trouva-t-il encore assez de temps pour rédiger un voyage pittoresque autour du monde, charmant ouvrage, dont le prompt débit a fait la fortune des libraires, tandis que M. d'Urville n'en a retiré d'autre fruit que d'avoir rendu la science populaire.

La rédaction de son voyage étant enfin terminée et livrée au public avide de la lire, M. d'Urville revint à Toulon, en 1835, au moment même où l'affreux choléra était dans toute son intensité et moissonnait la malheureuse population de cette ville : certainement, il eût pu rester encore très-longtemps à Paris; personne ne le forçait de venir se précipiter au sein de la contagion. C'est encore dans cette circonstance qu'on put remarquer le beau caractère et les talents de notre illustre marin; car il se soumit aveuglément à toutes les exigences du service, lequel devenait chaque jour de plus en plus difficile, par la grande pénurie d'officiers de tous grades. La mort frappait indistinctement tous les rangs, et, à cette époque cruelle, il fallait redoubler de zèle et de fermeté pour maintenir l'ordre et la discipline dans l'arsenal de Toulon. C'est ordinairement dans les grandes calamités que les méchants lèvent audacieusement la tête, pour concevoir et exécuter les crimes. On vit alors M. Dumont d'Urville présider, presque chaque jour, les conseils de guerre permanents et la cour martiale, avec ce calme, ce sang-froid, et l'éloquence judiciaire d'un savant jurisconsulte; mais, au milieu de ses importantes occupations, M. d'Urville paya, tout à coup, un affreux tribut au fléau : il perdit en un instant une charmante petite fille qu'il chérissait tendrement; et, comme Yung, il eut le courage de l'ensevelir et de l'enterrer!!!...

La vie malheureuse que, depuis cet événement, M. d'Urville menait à Toulon, le fatiguait; il se sentait encore le besoin de voyager pour faire trêve à ses douleurs morales et physiques, étant aussi sourdement dévoré par une goutte violente, dont les accès mettaient son courage à de rudes épreuves......

M. d'Urville me fit part de son nouveau projet, qui était celui d'entreprendre un troisième voyage autour du monde : je lui observai qu'il avait déjà assez fait pour les sciences et sa gloire; que son nom était inscrit à côté de ceux des plus grands navigateurs de l'Europe; que, de plus, il se devait entièrement à sa famille, surtout à son fils, dont il était temps de soigner l'éducation, car cet enfant promettait d'être un jour un homme très-remarquable. M. d'Urville me répondit que rien ne pouvait le détourner de son nouveau projet. Effectivement, malgré ses grandes souffrances, il traça un troisième plan de campagne encore plus savamment conçu que les deux précédents. Il l'adressa à M. le vice-amiral de Rosamel, ministre de la marine, qui voulut bien l'accueillir avec bonté et en parla au Roi, qui ordonna de réarmer, sur-le-champ, *l'Astrolabe*; mais, dans cette circonstance, Sa Majesté Louis-Philippe voulut que la nouvelle expédition fût entreprise par deux navires, qu'elle fît une pointe vers le pôle austral, afin de s'assurer s'il existe ou non un continent polaire. Ce grand projet sourit à notre infatigable navigateur, et il accepta ce qu'on exigeait de lui.

Il fallait choisir un capitaine pour le second bâtiment, nommé *la Zélée*, qui devait accompagner *l'Astrolabe*. M. Dumont d'Urville ne balança pas; il connaissait trop M. Jacquinot pour l'oublier dans cette circonstance; il le désigna au ministre, qui lui conféra sur-le-champ le commandement de ce bâtiment.

M. Dumont d'Urville présida à l'armement de *l'Astrolabe* et de *la Zélée*; rien ne fut négligé pour mettre ces deux navires en état de résister à toutes les chances d'une longue campagne de circumnavigation, et surtout au choc immense des glaces du pôle; on eut la bonne précaution d'armer leur étrave d'un espèce d'éperon, ou lame tranchante, pour couper les glaçons, comme l'avaient fait les capitaines Ross et Parry dans leurs longs voyages au pôle boréal.

C'est ici que je dois dire, par respect pour la mémoire de M. Dumont d'Urville, combien il fut affligé d'avoir entamé une polémique amère avec une de nos plus belles illustrations scientifiques : hélas il était malade alors, et malheureusement le style se ressent toujours des souffrances physiques. Il partit le cœur navré, et, à son retour, il a vu combien il y a de beaux sentiments dans le cœur de l'illustre secrétaire perpétuel de l'Institut (Académie des sciences); et si M. Dumont d'Urville eût pu prévoir ce que ce savant a fait après la terrible catastrophe du 8 mai, il eût été se précipiter dans ses bras : je suis bien certain de ce que j'avance ici, parce que je connaissais parfaitement le fond du cœur de notre trop malheureux amiral.

L'Astrolabe et *la Zélée* ayant à bord tout ce qui leur était nécessaire pour exécuter une longue et pénible campagne, surtout de très-bons instruments de toute espèce pour faire des observations en tous genres, M. Dumont d'Urville fit pour la troisième fois ses derniers adieux à son Adèle et à son fils Jules; il appareilla de la rade de Toulon le 7 septembre 1837. Au coucher du soleil, les deux navires avaient déjà disparu dans le S. O. de la vigie du cap Sépet.

Ayant sous les yeux une carte générale du globe, sur laquelle M. Jacquinot a tracé avec la plus grande exactitude la route qui a été suivie par M. d'Urville, je suis à même de décrire ici, succinctement, l'itinéraire de *l'Astrolabe* et de *la Zélée*. Douze jours après leur départ de Toulon, elles sortent du détroit de Gibraltar, arrivent en très-peu de temps sur la rade de Ténériffe; là M. d'Urville mesure encore une fois la hauteur du pic, ce superbe géant du vaste Océan, et il fait exécuter des observations magnétiques et barométriques sur le sommet de cette haute montagne. Quelques jours après il remet sous voiles, coupe l'équateur par 30° de longitude O., traverse l'Océan en le sondant chaque jour au moyen du thermométrographe, qu'il fait descendre à de très-grandes profondeurs pour déterminer la température de la mer, et il arrive à Rio-Janeiro, où il rafraîchit ses deux équipages et règle ses montres marines. Cela fait, il appareille, et se dirige sous toutes voiles vers le fameux détroit de Magellan, dont il a l'intention de faire l'hydrographie; il y entre fièrement, le cercle et la sonde à la main; il manœuvre hardiment pour doubler les caps et les îles dont ces contrées sauvages sont encombrées; mais malheureusement la saison est déjà trop avancée, car il faut à notre illustre navigateur un soleil ardent pour fondre les glaces qu'il doit combattre pour atteindre le pôle austral. C'est donc avec le plus grand regret qu'il se voit obligé de rétrograder pour sortir du détroit de Magellan, et, une fois dehors, il passe à peu de distance de la terre des États, à l'E. du détroit de le Maire; il s'élance hardiment vers le pôle austral, bien décidé, comme il me l'avait dit souvent avant son départ, d'y arborer le drapeau tricolore, en le saluant de trois salves d'artillerie : c'était là son idée fixe et sublime; il y réfléchissait chaque jour.

C'est le 15 janvier 1838 que M. Dumont d'Urville aperçoit pour la première fois de nombreux et légers glaçons qui flottent çà et là autour de *l'Astrolabe* et *la Zélée;* mais le 17 son horizon en présente de toutes parts qui ont une hauteur de 40 à 50 mètres : il les salue avec respect, et fait donner une double ration à ses équipages pour fêter leur première apparition, afin d'habituer ses matelots à ne jamais les redouter.

Dans ces lugubres parages, le ciel s'obscurcit à chaque moment, le vent change, et notre célèbre navigateur oriente ses voiles pour en profiter et se rapprocher du pôle, qu'il voit avec satisfaction s'élever de plus en plus au-dessus de son horizon. L'œil attentif sur la carte, il observe les routes qui avaient été suivies par Cook, Wedell, Biscoë et Powèle, hardis marins dont les noms vivront longtemps dans l'histoire des voyages. Il survient quelquefois des calmes; on en profite pour aller sur les glaces les plus unies pour faire des observations très-importantes sur l'intensité, la déclinaison et l'inclinaison de l'aiguille aimantée : idée savante qui n'avait jamais été conçue par les célèbres marins que je viens de citer.

Après avoir exécuté une foule de manœuvres plus hardies les unes que les autres pour éviter les terribles abordages des nombreux bancs de glaces, notre amiral aperçoit tout à coup devant lui une énorme barrière glacée: il la prolonge à 2 milles de distance; c'est là où son œil d'aigle se fixe continuellement sur le terrible obstacle que la nature lui présente; et enfin, à force de persévérance, et après avoir couru 140 lieues parallèlement à cette énorme banquise, il aperçoit une issue : il s'y enfonce audacieusement avec ses deux navires; mais tout à coup ses nobles efforts deviennent inutiles, parce que, une fois lancé dans cet affreux impasse, encombré de hautes montagnes de glaces, M. d'Urville se voit enveloppé de toutes parts. C'est dans cette grave circonstance que se déploie tout ce que l'âme de fer de M. Dumont d'Urville avait de plus grand. En effet, il s'acharne de plus en plus, il cherche une nouvelle issue, mais la nature lui ordonne de s'arrêter : le vent cesse tout à coup de souffler ; les deux corvettes sont repoussées par d'énormes glaces qui les heurtent d'une manière épouvantable ; on entend gémir les flancs écorchés du navire ; des secousses terribles font chanceler la mâture ; les matelots stupéfaits ne cessent de fixer leurs regards scrutateurs sur leur honorable chef. Que fait notre illustre navigateur ? Il est calme sur son gaillard d'arrière ; il promène ses regards assurés sur la destruction qui l'environne, et s'il gémit en ce moment critique, c'est de se voir arrêté tout à coup dans son projet d'aller au pôle austral : mais Dieu est grand ; il ne veut pas que les marins de l'*Astrolabe* et de la *Zélée* succombent ; il n'est pas encore temps. Le vent commence à souffler dans une direction favorable ; M. d'Urville dispose promptement ses voiles, ainsi que le brave commandant de la *Zélée*, qui déploie toujours autant de courage que son chef, qu'il suit pas à pas dans les glaces ; les deux bâtiments se mettent en mouvement ; les banquises éclatent et s'ébranlent avec fracas ; elles se séparent sous le tranchant des étraves armées de fer ; les matelots joyeux redoublent d'ardeur ; ils font gémir les grandes scies à glace, et après les plus pénibles efforts en tous genres, l'*Astrolabe* et la *Zélée* se retrouvent enfin, comme par enchantement, sur une mer libre ; des cris de joie se font entendre à bord des deux corvettes, et retentissent dans les hautes montagnes de glaces, dont l'affreux silence n'est jamais troublé que par le cri sauvage de l'ours polaire.... Notre grand navigateur, fixant ses regards vers le ciel, rend grâce à Dieu de l'avoir retiré d'un aussi grand danger : il y a toujours au fond du cœur du marin un principe religieux qui surgit après le péril, explosion de reconnaissance bien sentie.....

Il ne faut pas croire que M. Dumont d'Urville abandonne sa noble entreprise, au contraire, plus les obstacles sont grands, plus il s'obstine à les vaincre, parce que, comme l'a dit avec éloquence un homme très-remarquable, en présence de sa tombe, à Paris : « Chez l'illustre navigateur, la force d'âme, l'inébranlable volonté, l'audacieuse résolution émanaient de l'intelligence qui l'éclairait. » Il revient donc encore à sa première idée; il court des bordées qui le rapprochent du point qu'il voulait atteindre; mais ses équipages sont exténués de fatigue; ses deux corvettes sont toutes blanches de neige et de glaçons; ses voiles se déchirent sous l'empire du froid; il y a des malades à bord des deux bâtiments; les glaces se représentent encore plus que jamais; c'est alors que M. Dumont d'Urville se décide à terminer cette périlleuse campagne par un essai sur les îles New-Sout-Shetland. A midi, des observations dignes de confiance donnent 62° 21' de latitude australe, et 21° de longitude O., méridien de Paris.

M. d'Urville dirige sa route de manière à prendre connaissance des îles Weddell, Saddle, New-South-Orkney et New-South-Shetland. Après avoir déterminé leur position, tout à coup il aperçoit une terre dont le sommet grisâtre se cache dans les nuages; il en approche, interroge sa carte, où elle n'est point marquée; il la salue, et lui donne le nom de son Roi, ou *Terres de Louis-Philippe*, pour consacrer, comme il le dit lui-même dans la belle description qu'il fait de sa pointe au pôle, « le nom du Roi qui avait eu la première idée des recherches dans les régions australes. » Ensuite il aperçoit une île, il lui donne le nom d'un prince qui honore la marine française par ses talents, son courage et son beau caractère : *Ile de Joinville*.

Satisfait de cette nouvelle découverte, qui avait échappé aux savantes recherches de l'immortel Cook, et la saison étant trop avancée, M. d'Urville se décide à revenir dans le N.; il quitte donc, avec le plus vif regret, les tristes régions du pôle austral, qu'il salue pour la dernière fois, se dirige vers l'Amérique méridionale, et va jeter son ancre sur la rade de la Conception, sur la côte du Chili.

Après avoir fait reposer et rafraîchir ses équipages, M. d'Urville met encore sous voiles pour se rendre à Valparaiso, et c'est de là qu'il s'élance enfin avec ses deux corvettes pour traverser l'immense Océanie de l'E. à l'O.

Notre célèbre amiral dirige d'abord sa route pour passer très-près de l'île Jean-Fernandez. Ensuite il fait route vers le N. pour aller prendre connaissance de l'île Sainte-Ambroise; de là, il passe à 40 lieues de l'île de Pâques, qui avait été visitée, 50 ans avant lui, par le célèbre la Peyrouse; reprend ensuite la route du N., jusqu'un peu au delà du tropique du Capricorne, et revient encore vers l'O., jusqu'à l'île Gambier; va prendre connaissance des îles Mandana et Nouka-Iva; arrive aux îles de la Société, à celles des Navigateurs et des Amis.

Dans toute cette longue navigation, M. Dumont d'Urville jette son ancre partout où il espère trouver un bon mouillage, et, dans chaque relâche, MM. les officiers, toujours pleins de zèle, de talents et de courage, ainsi que M. Dumoulin, ingénieur du dépôt des cartes et plans de la marine, s'occupent à lever des plans de côtes et de rades; MM. les médecins, naturalistes, recueillent avec soin et avec bonheur une foule de richesses naturelles.

De l'île des Amis, notre célèbre amiral se rend à Piva, une des îles Viti; c'est là qu'il tire une vengeance éclatante de l'affreux massacre de tout l'équipage d'un brick français, *la Joséphine*, commandé par le capitaine Débureau, tué par le chef Nakalacé, ainsi que tous ses matelots, dont les sauvages firent un infâme festin..... Jamais on n'a vu manœuvrer plus audacieusement pour aller prendre mouillage devant un village, où M. d'Urville savait qu'était retiré et barricadé l'homme le plus féroce de l'Océanie, le farouche Nakalacé. Embosser les deux corvettes très-près de la côte, faire un feu roulant sur le village où s'étaient réunis une grande quantité de sauvages, ensuite effectuer un débarquement, avec le plus grand ordre, qui était sous la conduite de braves officiers, fut l'affaire d'un instant : on marche de suite au pas de charge vers le village, qui est enlevé en un instant à la baïonnette, et brûlé sur-le-champ. Le drapeau aux trois couleurs flotte pendant quelque temps sur cette terre inhospitalière. Les marins se rembarquent, emportant avec eux des trophées de victoire, et *l'Astrolabe* ainsi que *la Zélée* s'éloignent des îles Viti, habitées par des monstres qui se rappelleront pendant longtemps la glorieuse leçon que notre célèbre navigateur leur a donnée pour prix de leur barbarie.....

Des îles Viti, les deux navires font route pour les îles Salomon, en passant près des Nouvelles-Hébrides, que les plus grands navigateurs, Cook et la Peyrouse, n'avaient pas osé approcher. C'est là où les anatomistes, phrénologistes, font de curieuses observations sur les crânes humains.

Des îles Salomon, l'amiral d'Urville se dirige vers le N., et va prendre connaissance de l'île de Guam; ensuite il court au S. O. pour aller visiter l'île de Palao.

Il serait beaucoup trop long de détailler ici une foule de mouillages faits aux îles Bornéo, Sumatra, Gava, Célèbes, etc. etc. qui forment un immense archipel ; il suffit de dire que M. Dumont d'Urville donna dans le détroit de la Sonde, courut au S. jusque par 40° de latitude méridionale; cingla ensuite à l'E. et arriva à Hobart-Town, dans l'île de Van-Diémen, exténué de fatigue, ainsi que tous ses honorables compagnons de voyage.

Tout le monde, à bord de *l'Astrolabe* et de *la Zélée*, croyait fermement la campagne à sa fin, et que le célèbre navigateur, qui avait déjà tant fait pour la science et sa gloire, allait bientôt se diriger vers sa patrie; mais, au contraire, à peine eut-il repris un peu de force, qu'il appelle à son bord M. Jacquinot, pour lui faire part de sa nouvelle résolution, qui était celle de se diriger encore une fois vers le pôle austral, espérant, disait-il, être plus heureux que précédemment; il engageait M. Jacquinot à faire route pour la France avec tous les malades et les personnes qui ne croiraient pas devoir partager de nouveaux dangers dans les glaces polaires, étant bien décidé, cette fois encore, à faire tous ses efforts pour atteindre la plus haute latitude australe. Le capitaine Jacquinot répondit qu'il n'acceptait pas cette proposition, et que son devoir lui imposait l'obligation de suivre partout son chef.

Les deux navires étant bien réparés, M. Dumont d'Urville remet encore sous voiles, après avoir laissé tous les malades à Hobart-Town; car toutes les personnes bien portantes voulurent suivre leur commandant. Il cingle, le cap au S., sous toutes voiles, pour attaquer de nouveau les glaces antarctiques; il manœuvre avec tant d'audace, de précision et de courage, qu'il atteint le cercle polaire; sous lequel il aperçoit une nouvelle terre, qui n'avait jamais été vue par ses prédécesseurs dans ces parages; il la salue, comme il l'avait déjà fait pour la terre Louis-Philippe, lui donne le nom de ce qu'il a de plus cher au monde, celui de son Adèle (*Terre Adélie*).

M. Dumont-d'Urville a donc doté le monde d'un nouveau continent; son nom sera gravé aux extrémités de la terre, comme ceux des Cook, des Bougainville, des la Peyrouse, des Vancouvert, des d'Entrecasteaux, etc.

Plus satisfait cette fois, M. d'Urville s'incline avec respect, pour la dernière fois, devant les affreuses montagnes de glaces polaires, et dirige sa route pour atteindre une seconde fois la terre de Van-Diémen, afin d'y reprendre les hommes qu'il y avait laissés dans les hôpitaux, et continuer sa route vers l'Europe.

Notre navigateur arrive à Van-Diémien, met de suite ses

deux bâtiments en état de reprendre la mer, embarque tous ses malades, et remet encore sous voiles; il court au S. E. pour aller prendre connaissance des îles Auckland; de là il se dirige vers la Nouvelle-Zélande, dont il prolonge la côte orientale pour en faire la géographie; il jette son ancre plusieurs fois sur cette côte; ensuite il double le cap Otou; passe en vue de la Nouvelle-Calédonie et des îles de la Louisiade, et se décide à entrer dans le détroit si difficile de Torrès, dont les innombrables rochers cachés sous l'eau et les courants violents avaient fait reculer Cook et plusieurs autres célèbres navigateurs ses devanciers. C'est ici qu'il est difficile de bien détailler tout ce que les talents et la persévérance peuvent produire de grand et de sublime; car, pendant tout le temps que *l'Astrolabe* et *la Zélée* ont navigué dans ce détroit fameux, où la nature s'est fait un jeu de multiplier les rochers, les îles, les bancs et les courants violents; il est impossible, dis-je, de se représenter tout ce qu'a fait M. Dumont d'Urville : il est nuit et jour sur le pont, l'œil toujours attentif et la sonde à la main. Eh bien, malgré tous ces soins minutieux, il a la douleur de voir tout à coup ses deux navires s'échouer sur un banc de rochers; la mer baisse, et *l'Astrolabe* ainsi que *la Zélée* restent presque suspendues et inclinées pendant trente-six heures sur le sommet de coraux aigus, à tel point qu'il faut les accorer avec les basses vergues pour les empêcher de se coucher entièrement; mais, grâce encore aux talents, au génie des deux capitaines, au zèle constant et à la grande activité des officiers et des deux équipages, les deux corvettes se relèvent et continuent leur voyage.

Après avoir fait la géographie de ce fameux détroit de Torrès, M. Dumont d'Urville se dirige vers l'île de Timore, où il arrive exténué de fatigue; de là il remet enfin sous voiles pour atteindre l'île Bourbon.

Après s'être reposé pendant quelque temps, M. d'Urville appareille, se dirige vers le cap de Bonne-Espérance, le double à une certaine distance, dirige sa route au N. O., arrive à Sainte-Hélène, où il va saluer le tombeau de Napoléon. Quelques jours après, notre célèbre navigateur remet sous voiles, court dans le N., traverse la ligne équinoxiale, va prendre connaissance des Açores, et fait route à l'E., entre dans le détroit de Gibraltar, et arrive enfin à Toulon, après quatre années d'absence !!!!!...

Voilà ce qu'a fait l'illustre amiral pour mériter le respect et la reconnaissance de sa patrie, ainsi que de l'Europe entière; il a enrichi, par ses nobles et immenses travaux, la géographie, l'histoire naturelle et l'anatomie. Au moment où la mort l'a frappé, il allait faire paraître un grand travail qui n'avait été conçu encore par personne : c'est un dictionnaire général des langues de presque tous les peuples de l'Océanie.

Je ne puis m'empêcher de relater ici que, lorsque je revis pour la première fois l'amiral Dumont d'Urville, à son retour à Toulon, mon cœur fut fortement attristé : ce n'était plus qu'un spectre, un corps usé, qui se traînait avec peine à l'aide d'un modeste bâton ; mais sa figure calme et austère était encore très expressive, et ses yeux d'aigle brillaient quand il me racontait avec tant d'énergie quelques épisodes de son beau voyage.

M. d'Urville se retira à sa campagne, la Juliade, située à peu de distance de Toulon. C'est là que j'allais le voir presque chaque jour, où je le trouvai étendu sur un lit, luttant avec fermeté contre la plus cruelle maladie. Il me disait, dans ces affreux moments de crises, occasionnés par la goutte : « Mon ami, je suis un homme fini, un être usé; je sens que je n'ai plus longtemps à rester dans ce monde; mais, ce qui me console, c'est que je mourrai avec la douce satisfaction de n'avoir jamais fait de mal à personne, et que mon nom ne sera peut-être pas oublié dans les fastes de notre histoire maritime. J'espère que mon rapport sur ma dernière campagne est en ce moment entre les mains du ministre de la marine, et qu'il voudra bien récompenser tous mes braves compagnons de voyage; quant à moi, si je n'obtiens pas la récompense que j'ambitionne, je demanderai ma retraite, et je finirai mes derniers jours ici, sous ce beau soleil; j'ordonnerai que l'on m'enterre dans ce modeste jardin, à côté de mes trois enfants, qui y reposent en paix depuis plusieurs années. »

Hélas! qui aurait pu prévoir, quand cet illustre navigateur me tenait ce simple langage, qu'il irait périr au fond d'une voiture, sur une grande route, et que ce corps, qui avait résisté à tant de fatigues, serait calciné par un feu dévorant, comme sa femme et son enfant : c'est une fatalité cruelle et sans exemple !!!.... [1].

Le Roi et le ministre de la marine, pour lesquels M. Dumont d'Urville avait la plus respectueuse vénération, l'élevèrent au grade de contre-amiral; j'étais près de cet illustre marin quand il reçut le brevet : il le posa sur son cœur et ses yeux se remplirent de larmes. C'est ici que je dois ajouter que l'on s'est fortement trompé sur le caractère de cet excellent homme; je me fais donc un devoir d'attester ici qu'il était doué des plus beaux sentiments; il avait au plus haut degré celui de la reconnaissance : à la vérité, il n'aimait pas tous les hommes; il était extrêmement lent dans toutes ses affections; mais, une fois qu'il avait fixé son attachement, c'était pour toujours.

L'amiral Dumont d'Urville était brave, franc, loyal; mais quelquefois un peu âpre dans ses paroles, et, si sa

---

[1] *Quem toties pelagus servaverat, abstulit ignis;*
Quique polum tetigit, sternitur ante domum!
BAJOT.

TRADUCTION.

Lui qu'avaient épargné les flots, le feu l'emporte;
Il atteignit le pôle, et succombe à sa porte!
MAREC.

bouche faisait parfois quelques légères blessures, son bon cœur du moins était là pour les guérir....

Ici j'ai rempli la tâche que je me suis imposée; il faudra, sans aucun doute, à un homme aussi célèbre que l'amiral Dumont d'Urville, un tout autre biographe; mais, du moins, le modeste hommage que je rends aujourd'hui à sa mémoire prouvera toute l'affection et toute la reconnaissance que je lui ai vouées : ami, j'ai parlé avec mon cœur; narrateur, j'ai écrit avec conscience et vérité; marin, je me suis trouvé heureux de jeter quelques fleurs sur la tombe de l'une de nos plus belles illustrations maritimes : à d'autres le soin et le talent de faire une épopée sur sa glorieuse et brillante carrière; tout ce que je demande, en terminant, c'est de voir la ville de Toulon, cette ville qu'il aimait comme s'il y fût né, décorer l'un de ses monuments de son buste, et honorer l'une de ses rues de son nom[1]..... Alors, oh! alors, je mourrai content!!!....

Toulon, 20 juin 1842.

Le Capitaine de vaisseau, Major de la marine à Toulon.

Signé MATTERER.

---

[1] Trois villes se seront disputé l'honneur d'élever un monument à la mémoire de M. d'Urville : Paris, dont le conseil municipal, sur la demande du ministre de la marine provoquée par M. Chaucheprat, secrétaire général du ministère, a concédé immédiatement un terrain dans le cimetière de l'Ouest; Condé-sur-Noireau, patrie du navigateur, et Toulon, point de départ de toutes ses expéditions.

(Note du rédacteur des Annales maritimes.)

www.ingramcontent.com/pod-product-compliance
Lightning Source LLC
Chambersburg PA
CBHW060939050426
42453CB00009B/1086